BEI GRIN MACHT SICH IHR WISSEN BEZAHLT

Depressionen bei Männern.
Ursachen und Fallbeispiel

Julia Henchen

Bibliografische Information der Deutschen Nationalbibliothek:

Die Deutsche Nationalbibliothek verzeichnet diese Publikation in der Deutschen Nationalbibliografie; detaillierte bibliografische Daten sind im Internet über http://dnb.d-nb.de abrufbar.

ISBN: 9783346521194
Dieses Buch ist auch als E-Book erhältlich.

© GRIN Publishing GmbH
Nymphenburger Straße 86
80636 München

Druck und Bindung: Books on Demand GmbH, Norderstedt Germany
Gedruckt auf säurefreiem Papier aus verantwortungsvollen Quellen

Das vorliegende Werk wurde sorgfältig erarbeitet. Dennoch übernehmen Autoren und Verlag für die Richtigkeit von Angaben, Hinweisen, Links und Ratschlägen sowie eventuelle Druckfehler keine Haftung.

Das Buch bei GRIN: https://www.grin.com/document/1142363

Einsendeaufgabe

Alternative A

Eingereicht am: 16.07.2021

SRH Fernhochschule Riedlingen

Modul: Klinische Psychologie III (Horizontale und vertikale

Verhaltensanalysen)

Studiengang: B. Sc. Psychologie

Von

Julia Henchen

1. Inhaltsverzeichnis

2. Abbildungsverzeichnis

3. Tabellenverzeichnis

4. Einleitung

Gefühle und Emotionen offen zeigen, weinen oder schüchtern sein. All das sieht das klassische gesellschaftliche Konzept von Männlichkeit nicht vor. Noch immer werden Jungs dazu aufgefordert, ein Mann zu sein, wenn sie weinen. Nicht nur auf Schulhöfen gibt es Beleidigungen, die Männlichkeit in Frage stellen sollen und sagen: du kannst alles sein, außer weich, sanft und einfühlsam. Toxische Männlichkeit, ein Begriff, der immer mehr in den Fokus rückt und am Ende meist zu einer Depression führt. Die Vorstellung von Männlichkeit führt nicht nur dazu, dass Männer seltener ihre Probleme ansprechen, seltener eine Diagnose bekommen und nicht zuletzt seltener eine Therapie besuchen. Jährlich begehen weltweit ca. 800000 Menschen Suizid. Die Zahlen sind augenöffnend: Auf 10 Frauen kommen durchschnittlich etwa 18 Männer, in Deutschland sogar 27 (Banaszczuk, 2019).

Wissenschaftler:innen der Universität Leipzig vermuten, dass traditionelle Geschlechterrollen dem zu Grunde liegen könnten. Schon früh lernen Männer, Probleme mit sich selbst auszumachen, nicht über Ängste, Sorgen oder Schwächen zu sprechen und sich deutlich weniger ärztlichen Rat einzuholen, so Isabella Heuser, Leiterin der Klinik für Psychiatrie und Psychotherapie der Charité Berlin (Heuser in Banaszczuk, 2019). Die Weltgesundheitsorganisation sagt außerdem, jeder fünfte Jugendliche sei von einer seelischen Störung betroffen, häufig bereits vor dem 14. Lebensjahr. Ein wichtiger Faktor dabei: einer Selbsttötung geht immer eine Entwicklung voraus, so Heuser. Menschen mit einer Depression, bipolaren Störung oder Schizophrenie sind dabei besonders gefährdet. In einer Studie der spanischen Universität Rovira i Virgili kam heraus, dass Männer als Strategie bei einer Depression vor allem Alkohol tranken, feiern gingen und Freunde trafen, um sich abzulenken. Frauen hingegen sprachen ihre Probleme mit ihren Freundinnen an, analysierten die Themen oder holten sich anderweitig Hilfe. Frauen benannten als Grund auch die zurück Gewinnung der Selbstkontrolle.

Laut Heuser versuchen Männer außerdem ihre Probleme nach verbalen versuchen auch körperlich zu kanalisieren, beispielweiße durch Aggressionen oder Schlägereien. Daher seien Aggressionen insbesondere bei männlichen Jugendlichen im Alter von 14 bis 23 Jahren ein Warnsignal für Depressionen. Denn ja, noch immer lernen junge Männer nicht, sich anderen anzuvertrauen und ihre Probleme zu besprechen. Häufig geprägt durch Songs, Serien und Filme wird das Bild und Narrativ des verschlossenen Mannes und der sorgenden Frau vielmehr glorifiziert. So ist es kein Wunder, dass junge Männer ihre Verdrängungsmechanismen und Kontrollmechanismen bereits in jungen Jahren erproben und anwenden, so die Ergebnisse der spanischen Studie. Heuser sagt außerdem, dass diesen Mechanismen nur entgegengewirkt werden könne, wenn es mehr positive, männliche Vorbilder für junge Menschen geben würde und diese das Männlichkeitsbild vorleben, was gerade beim Sport eine Möglichkeit wäre. Hilfe zu suchen und anzunehmen sei nicht nur notwendig für die Weiterentwicklung, sondern auch für die Eigenverantwortung, wenn es um Gesundheit und Wohlbefinden gehe (Heuser in Banaszczuk, 2019).

Eine Umfrage aus dem Jahr 2015, bei der 710 Menschen befragt wurden, zeigt beispielweiße, dass Männer deutlich seltener einen Arzt oder Ärztin aufsuchen, ob nun präventiv oder bei konkreten Problemen. Die Zahl der Frauen, die einmal im Jahr präventiv eine Praxis aufsuchen lag bei 39,5% wohingegen die Zahl der Männer bei 26,6% lag (Tomorrow Focus Media, 2015).

Dieser Einblick macht deutlich, wie hoch die Dunkelziffer in der Bevölkerung bei Depressionen, insbesondere bei Männern, wohl sein muss. Eine Studie aus dem Jahr 2019 zeigt, dass weltweit deutlich mehr Frauen mit Depressionen behandelt werden. Der Anteil der Frauen lag im Jahr 2017 bei 4,12% und bei Männer 2,73% der Weltbevölkerung (OWID, 2019). In Deutschland sehen die Zahlen ähnlich aus. Laut einer Studie der AOK, in

Kooperation mit der „Deutschen Depressionshilfe", seien in Deutschland 11,3% Frauen und 5,1% der Männer an Depressionen erkrankt (AOK, 2016). Aber was sagen diese Zahlen aus? Im Jahr 2016 haben sich laut WHO in Deutschland 13,6% der Männer und 4,8% der Frauen das Leben genommen (WHO, 2018). Eine Hauptursache für Suizide sind Depressionen. Im Jahr 2019 begangen insgesamt 9041 Menschen Selbstmord, davon waren 76% Männer (Statistisches Bundesamt, 2021).

Die Problematik rund um die Diagnostik und Behandlung von Depressionen bei Männern ist dabei kein neues Phänomen, vielmehr könnten neue männliche Rollenbilder dazu beitragen, dass die Erkrankung entstigmatisiert wird und, nicht nur Männer, eine Therapie und Hilfe aufsuchen und Hilfsangebote annehmen.

Die vorliegende Arbeit wird den Fokus somit auf die Diagnostik von Depressionen, Ursachen und Folgen legen. Diskutiert werden sollen vor allem Stresswahrnehmung und -verarbeitung die hilfesuchenden, typischen Geschlechterrollen, Rollenerwartungen und Stereotypen sowie Unterschiede in der Diagnostik von Depressionen. Das Ziel der Arbeit besteht in der Entwicklung einer Verhaltensanalyse mit Diagnose durch eine Fall Konzeptualisierung mit passendem Therapieplan.

5. Depression

Mit einer Inzidenz von 8-20% zählt die Depression zu einer der häufigsten psychischen Erkrankungen, da das Spektrum der Erkrankung macht den Hauptteil der affektiven Störungen aus, wobei Ursachen und Entstehung multifaktoriell bedingt sind (Laux, 2008, 399).

Die Depression zählt laut internationalem Klassifikationssystem ICD 10 zu den Affektiven Störungen F3, welche außerdem bipolare und verwandte

Störungen beinhalten und als psychopathologische Störung von bestimmter Dauer bezeichnet wird. Zu den häufigsten affektiven Störungen zählen die manische Episode (ICD-10; F30), die bipolare affektive Störung (ICD-10, F31), die depressive Episode (ICD-10, F32), die rezidivierende (ICD 10, F33) und die anhaltende (depressive Störung (ICD-10, F34), sowie die Dysthymie (ICD-10, F42.1) (Beesdo-Baum, 2020, 43).

5.1. Charakteristika und Symptome

Typische Charakteristika für eine depressive Episode sind depressive Verstimmungen, Verlust von Interesse und Freude sowie Veränderungen der Psychomotorik, wie beispielweiße in einem reduzierten Energieniveau, Antriebshemmung oder ängstliche Agitiertheit. Gefühle von Wertlosigkeit, Schuld oder Konzentrationsstörungen werden begleitet von verschiedenen körperlichen Beeinträchtigungen. Diese können sich in Schlafstörungen zeigen, Appetitlosigkeit oder eine generelle Müdigkeit. Auch suizidale Gedanken zählen zu typischen Symptomen. Bei einer chronisch depressiven Verstimmung wird von einer Dysthymia gesprochen. Das Krankheitsbild gehört dabei zu den anhaltenden affektiven Störungen. Der Beginn ist häufig im frühen Erwachsenenalter (Laux, 2008, 55).

Laut dem deutschen Ärzteblatt haben Männer andere Symptome bei einer Depression, als Frauen. So seien Männer, wie eingangs bereits beschreiben, häufiger in Wut und Aggression zu finden. Außerdem ignorieren Männer häufiger ihre psychischen, aber auch somatischen, Beschwerden oder kompensierten sie mit Alkohol, Zigaretten, illegalen Drogen und zunehmend auch mit Glückspiel. Rollenspezifische Faktoren spielen auch hier wieder mit rein. Denn nach wie vor gilt: Das Risiko für einen Suizid ist für Menschen mit depressiven Störungen besonders hoch (deutsches Ärzteblatt, 2015).

Die Depression umschließt viele Symptome, die jedoch individuell auftreten können. Typische Symptome sind dabei Niedergeschlagenheit, Stimmungsschwankungen, Freud- und Interessenverlust und Aktivitätsminderung. Häufig steht am Ende eines Kontinuums der Affektivität eine Manie. Diese geht einher mit euphorischer Stimmung oder Reizbarkeit, sowie einem starken und plötzlich erhöhtem Aktivitätsanstieg. Störungen mit einem Wechsel der Stimmungen wird als bipolare Störung bezeichnet. In der Allgemeinbevölkerung kommt die Depression verhältnismäßig häufig vor. Neben den beschriebenen Symptomen können außerdem die in der Tabelle aufgezeigten Symptome auftreten. Diese werden je nach Dauer, Schwere und Zeit in verschiedene Ausprägung und Störungswerte unterschieden. Treten bei einer Person zwei Symptome über einen Zeitraum von zwei Wochen oder länger auf, liegt eine depressive nach ICD 10 F32 vor. Diese werden nach ICD-10 als leicht (F32.0), mittelgradig (F32.1) und schwer (F32.2) klassifiziert. Kommen weitere Gesühle wie Schuld hinzu, kann die depressive Episode als schwer mit psychotischen Symptomen (Wahn) bezeichnet werden (Caspar, 2018, 56ff).

Tab. 5.1 Das depressive Syndrom

Bereich	Symptome
Motivation	Energieverlust, Antriebs- und Interessenverlust, Müdigkeit, Erschöpfung
Emotion	Niedergeschlagenheit, Traurigkeit, Hoffnungslosigkeit, Gefühl von Wertlosigkeit, unangemessene Schuldgefühle
Kognition	Verminderte Konzentrations- und Entscheidungsfähigkeit, Suizidgedanken und -absichten
Verhalten	Sozialer Rückzug, Monotones Sprechen, Psychomotorische Unruhe oder -Verlangsamung
Körper	Gewichts- und Appetitveränderung, Schlaflosigkeit, Libidoverlust, Kopf- und andere Schmerzen

Abbildung 1: Das depressive Syndrom (Casper, 2018, 56).

Die nachfolgende Grafik zeigt eindrücklich den Verlauf einiger depressiver Störungen sowie die Übergänge von depressiven Episoden zu chronischen Erkrankungen. Einzelne Episoden treten dabei bei ca. 25% aller Betroffenen auf. Bei ca. 45% der Klient:innen kommt es zu einem rezidivierenden Verlauf und bei ca. 30% endet der Verlauf chronisch. Eine depressive Episode wir dann als chronisch angesehen, wenn sie länger als zwei Jahre andauert. Spezifische Symptome können dabei dem somatischen Spektrum zugeordnet werden, wobei in acht Punkten unterteilt wird. Zu diesen acht Symptomen gehören zum Beispiel mangelnde emotionale Reaktionsfähigkeit, früherwachen, ein Morgentief und deutlicher Libidoverlust (Casper, 2018, 56).

Abbildung 2: Verlauf Despression (Casper, 2018, 56).

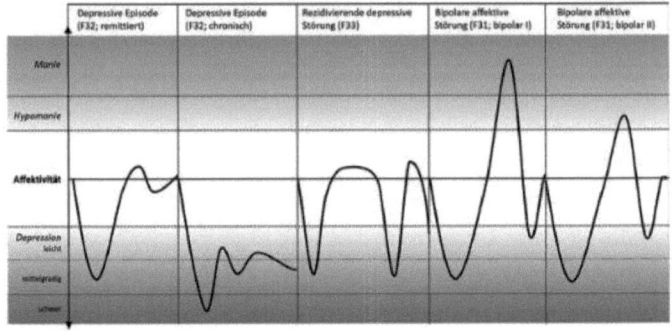

Die Depression hat viele Gesichter. Neben eindeutigen Symptomen gibt es weitere, nicht gleich dem Spektrum zuzuordnende Symptome, die in den weiteren Verlauf vorgestellt werden sollen. So können zunächst vier Hauptkategorien genannt werden: 1. Emotionale Symptome, 2. Kognitive Symptome, 3. Physiologische-vegetative Symptome, 4. Behaviorale/motorische Symptome. Nachfolgende Tabelle dient dem Überblick (Beesdo-Baum, 2020, 1029):

Emotionale Symptome	Gefühle von Traurigkeit, Niedergeschlagenheit, Ängstlichkeit, Verzweiflung, Schuld, Schwermut, Reizbarkeit, Leere, Gefühllosigkeit
Kognitive Symptome	Grübeln, Pessimismus, negative Gedanken, Einstellungen und Zweifel gegenüber sich selbst („Ich bin ein Versager"), den eigenen Fähigkeiten, seinem Äußeren, der Umgebung und der Zukunft, Hoffnungslosigkeit, Suizidgedanken,

	Konzentrations- und Gedächtnis-schwierigkeiten, schwerfälliges Denken.
Physiologisch-vegetative Symptome	Energielosigkeit, Müdigkeit, Antriebslosigkeit, Weinen, Schlafstörungen, Morgentief, Appetitlosigkeit, Gewichtsverlust, Libidoverlust, innere Unruhe, Spannung, Reiz-barkeit, allgemeine vegetative Beschwerden (u.a. Magen-beschwerden und Kopfdruck).
Behaviorale/motorische Symptome	Verlangsamte Sprache und Motorik, geringe Aktivitätsrate, Vermeidung von Blickkontakt, Suizidhandlungen, kraftlose, gebeugte, spannungslose Körperhaltung oder nervöse, zappelige Unruhe, starre, maskenhafte, traurige Mimik, weinerlich besorgter Gesichtsaus-druck.

Abbildung 3: Übersicht Symptome Depression (Beesdo-Baum, 2020, 1029).

Nachfolgende Grafik verdeutlicht nochmal den Unterschied zwischen einer Episodischen sowie chronischen Depression und der Klassifikation nach ICD-10 (nach Beesdo-Baum, 2020, 1030):

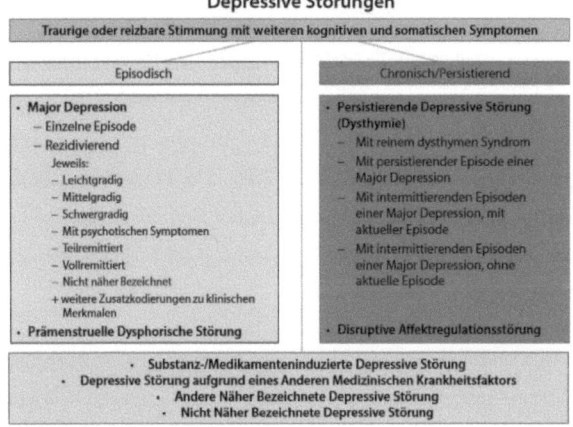

Abbildung 4: Überblick Depressive Störungen (Beesdo-Baum, 2020, 1029).

5.2. Epidemiologie

Die Depression gehört zu den häufigsten psychischen Störungen. Im Jahr 2019 wurden in Deutschland 264.000 Patient:innen mit einer diagnostizierten

Depression im Krankenhaus behandelt. Davon waren 61% Frauen. Eine depressive Episode wurde bei ca. 106.000 Menschen diagnostiziert (Statistisches Bundesamt, 2021).

Es gilt also als bekannt, dass Frauen häufiger eine Behandlung aufgrund einer Depression haben, ebenso wie bekannt ist, dass Männer häufiger einen Suizid begehen. Die Ursachen dafür sind weitgehend ungeklärt. Eine mögliche Erklärung könnte die Privilegierte Rolle von Beruf, eine kleinere Belastung durch Care-Arbeit sowie die Privilegien weniger Diskriminierung ausgesetzt zu sein. Aber auch hier wiedersprechen die hohen Zahlen der Suizide diesen Theorien, die trotz dessen an vielen Stellen nicht von der Hand zu weißen sein dürfen (Möller-Leimkühler, 2007). Die WHO Studie „Global burden of disease" zeigt außerdem auf, dass die Depression vor allem eine westliche Krankheit sei, die vor allem in Europa und Nordamerika einen Spitzenplatz einnehme (Laux, 2008, 54).

Zur Häufigkeit von psychischen Erkrankungen ergab sich für die Depression eine Prävalenz von 10,4%, wobei 54% der Depressionen nach ICD-10 von den Ärzt:innen erkannt wurden. An klinischen bedeutsamen depressiven Störungen wie Dysthymie litten 6,5% (Laux, 2008, 55). Ein weiteres Thema ist dabei die Altersdepression. Die Prävalenz einer Berliner Studie lag bei knapp 5% der über 70-Jährigen, welche Symptome einer Major Depression aufwiesen (Linden et al in Laux, 2008, 55).

Weitere wichtige Faktoren sind bei körperlichen Erkrankungen in Bezug auf eine Depression zu nennen, wobei die Prävalenz wie folgt angegeben wird (Robertson u. Katona in Laux, 2008, 401):

- Diabetes mellitus 10%,
- Myokardinfarkt20%,
- Morbus Parkinson 40–50%,
- Epilepsie 20–30%,

- Dialysepatienten 10–20%,
- Schlaganfallpatienten 25–35%,
- Karzinompatienten 25–40%.

Die Zahl der Depressionen ist in den letzten Jahren leicht angestiegen, wobei erhebliche Probleme in der methodischen Erhebung zu finden sind. Die Vergleichbarkeit der erhobenen Daten ist daher stark eingeschränkt (Laux, 2008, 55).

5.3. Ätiologie und Prävalenz

In Deutschland liegt die Lebenszeitprävalenz einer Depression laut Casper et al bei 20%. Wie schon erwähnt sind Frauen doppelt so häufig betroffen wie Männer (Beesdo-Naum, 2011 in Casper, 2018, 59). Das Risiko, an einer weiteren depressiven Episode zu erkranken, wenn bereits eine Episode vorlag, liegt dabei bei 50%. Die Sozioökonomische Risikofaktoren sind dabei das weibliche Geschlecht, Adoleszenz, niedriges Einkommen, Arbeitslosigkeit, niedriger Bildungsstand, Trennung/ Scheidung sowie das Fehlen von Bezugspersonen (Casper, 2018, 59).

Laut Beesdo-Baum et al und Kessler et al (Kessler et al, 2005, in Beesdo-Baum et al, 2020, 1035) liegt das Lebenszeitrisiko einer Depressiven Erkrankung sogar bei bis zu 30%. Epidemiologische Studien weisen außerdem auf einen stetigen Anstieg des Erkrankungsrisikos in den vergangenen Jahrzehnten hin. Verantwortlich dafür sei insbesondere, dass jüngere Geburtskohorten ein substanziell höheres Risiko aufweisen, eine Depression zu entwickeln (Beesdo-Baum, 2020, 1035).

Nachfolgende Grafik zeigt neben den Genetischen Dispositionen auch aktuelle psychosoziale Belastungen, traumatische Erfahrungen,

Persönlichkeitsfaktoren und depressive Symptomatik als Risikofaktoren auf und macht somit die hohe Vulnerabilität deutlich (Fritzsche, 2020, 91):

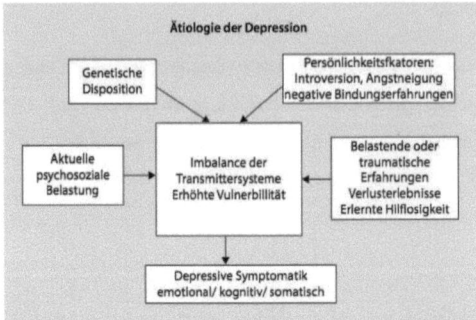

Abbildung 5: Ätiologie der Depression (Fritzsche, 2020, 91).

Kinder mit Eltern, die an einer depressiven Störung erkrankten, haben außerdem ein 2- 4-faches Risiko selbst eine Depression zu Entwickeln. Dies wurde in diversen klinischen sowie epidemiologischen Studien bereits mehrfach belegt, wobei der Übertragungsweg noch nicht ausreichend geklärt wurde. Forscher:innen sind sich aber sicher: genetisch verankerte Risikokomponenten spielen neben familiären Umweltkomponenten eine Rolle. Bereits 1995 wurde in einer Zwillingsstudien eine moderate Heritabilität von 30-40% für eine bipolar verlaufende Depression belegt (Kendler et al, 1995 in Beesdo-Baum, 2020, 1041).

Studien zum Zusammenhang von Entstehung und Genmerkmalen sind dabei auf folgende Ergebnisse gestoßen: In einer großen Stichprobe wurden 102 unabhängige Genvarianten, 269 Gene und 15 Gensets mit einer Depression assoziiert. Viele davon stehen mit synaptischen Strukturen und Neurotransmission in Verbindung (Howard et al, 2019 in Beesdo-Baum, 2020, 1041). Durch diese Studien wird verdeutlicht, wie komplex polygenetische Risikofaktoren für Major Depressionen sind und welch große Herausforderung dabei für die Forschung vorhanden sind, um die Ursachen für Depressionen zu entschlüsseln. Die Ergebnisse zeigen auch, dass jede Person Risikoträger:in für eine Depression ist, jedoch Menschen mit höherer genetischer Belastung anfälliger dafür sind, eine Depression zu entwickeln.

Hierbei sind vor allem die passive Gen-Umwelt-Interaktionen sowie die aktiven Gen-Umwelt-Interaktionen von bedeutet, die in nachfolgender Tabelle aufgezeigt werden (Beesdo-Baum, 2020, 1041):

Tabelle 1: Anfälligkeiten für Depressionen (nach Beesdo-Baum, 2020, 1042).

Passive Gen-Umwelt-Interaktionen	Erhöhte Vulnerabilität bei Konfrontation mit nicht kontrollierbaren adversen Lebensereignissen.
Aktive Gen-Umwelt-Interaktionen	Anfälligkeit für die Herbeiführung depressionskritischer Lebensereignisse wie zum Beispiel Trennung oder Schulabbruch.

Aufgrund der großen Heterogenität hat die Forschung bisher zwar viele potenzielle Biomarker für eine depressive Störung identifiziert, jedoch konnten noch keine spezifischen Rollen oder Nützlichkeiten für die Diagnose, Prognose und auch die Behandlung entziffert werden. Neben der großen Heterogenität sind weitere Faktoren wie Komorbidität zum Beispiel einer Angststörung, mit dafür verantwortlich, weshalb es wenige Ergebnisse dazu gibt. Die fehlende Berücksichtigung in der entsprechenden Studie und Analysen tragen oftmals dazu bei. Ein Lösungsvorschlag hierfür sei zum Beispiel die kategorialen Diagnosen stärker auf Dimensionen der Psychopathologie zu legen, um eine Interaktion zwischen diesen verschiedenen Symptomdimensionen besser zu verstehen (Kircanski et al, 2017 in Beesdo.Baum, 2020, 1042).

Neben den familiären Dimensionen weisen mehrere Studien einen Zusammenhang zwischen frühen Traumata und anderen adversen Entwicklungsbedingungen und späteren Erscheinungen von depressiven Störungen auf (Braithwaite et al, 2017 in Beesdo-Baum, 202, 1042).

Nachfolgende Grafik verdeutlicht dabei neben der Vulnerabilität von Intraindividuellen Faktoren und der sozialen Vorgeschichte nochmals

Auslöser, Vorherige Situationen, Veränderungen auch akute und Langzeitfolgen (Beesdo-Baum, 2020, 1042):

Abbildung 6: Ätiologiemodell der Depression (Beesdo-Baum, 2020, 1043).

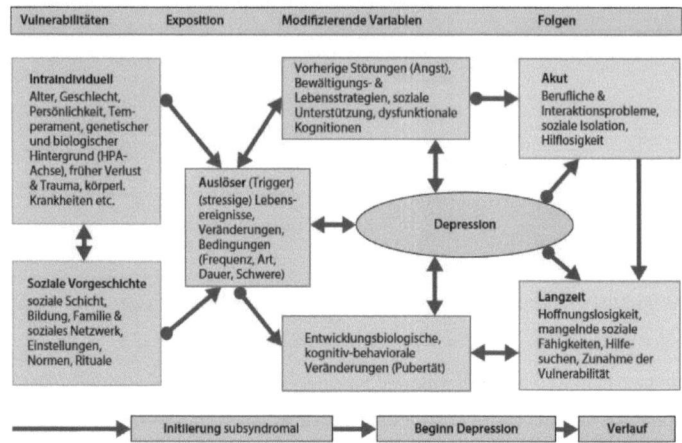

□ Abb. 46.4 Konzeptuelles Ätiologiemodell der Depression

5.4. Geschlechterunterschiede

Wie bereits eingängig beschrieben sind die Probleme bei der Diagnose einer Depression vor allem auch in Rollenbildern zu finden, weswegen Frauen doppelt so häufig eine Diagnose bekommen. Die Frage lautet also auch, ob Frauen häufiger an Depressionen erkranken oder häufiger eine Diagnose bekommen (Müller, 2016). Dr. Juliane Gruber und Prof. Dr. Michael Gruber vom Klinikum Frankfurt Höchst sagen, dass beides der Fall sei. Eine Erklärung für die häufigere Diagnose dafür sei die Veränderung der Hormone während, vor und nach einer Schwangerschaft, wobei Sexualhormone weder pro- noch antidepressiv wirken würden. Laut Gruber und Gruber sei es also vielmehr interessant, wie sensibel das Gehirn auf den Hormonspiegel reagiere. Eine Depression könnte bei Männern daher auch in Zusammenhang mit einem niedrigen Testosteronspiegel stehen – vor allem Männer mit wenig

Bewegung, erektiler Dysfunktion, Schlafstörungen oder Antriebslosigkeit können ein Risiko für eine Erkrankung an einer Depression haben. Ärzt:innen sollten daher immer auch den Hormonspiegel begutachten und gegebenenfalls Testosteron substituieren (Müller, 2016).

Viel entscheidender für den Gender-Gap sind jedoch psychosoziale Faktoren und nicht Hormone, denn Depressionen treten bei Frauen deutlich früher auf (28 Jahren), als bei Männern (32 Jahre). Neben den eingangs bereits beschriebener Faktoren wie Prägung im Umgang mit Problemen, sind vor allem auch Bewältigungsstrategien und Umweltfaktoren dafür verantwortlich, wie beispielweiße eine negatives Selbstbild, Selbstbeschuldigungen und hohe Ansprüche an sich selbst. Frauen tendieren dazu, die Schuld bei sich zu suchen und in Selbsthass zu versinken, weswegen Sie tendenziell vulnerabler für Depressionen sein könnten (Müller, 2016).

Die bundesweite Studie zur Gesundheit Erwachsener in Deutschland zeigt für depressive Störungen beispielweiße eine 12-Monats-Prävalenz von 11,3% bei Frauen und im Vergleich dazu liegt die Prävalenz bei Männern bei 5,1%. Das Risiko einer Erkrankung als Frau liegt dabei ab Pubertät und darüber hinaus. Dafür wurden vor allem hormonelle Unterschiede, Persönlichkeitsfaktoren, soziale bzw. Umweltfaktoren und die Erfahrung von Lebensereignisse als Ursache diskutiert (Jacobi et al, 2014 in Beesdo-Baum, 2020). Traditionelle Rollenbilder für Männer orientieren sich häufig an Leistung und Erfolg. Dies führt dazu, dass bei Männern, anders als Frauen, der soziale Status, der Erfolg oder gefühlte Misserfolg in Job oder auch Beziehung ein hoher Risikofaktor darstellt. Übergangen werden im Beruf, Krisen in der Partnerschaft und Trennung, Arbeitslosigkeit oder Vergleiche mit Geschwistern oder Freunden kann zu einem enormen Druck werden. Ebenso eine Pensionierung oder Erkrankung, die dazu führt, dass dem Beruf nicht mehr nachgegangen werden kann sind für Männer daher ein weiteres Risiko (Müller, 2016). Forscher der Universität von Michigan werteten bereits im Jahr 2013 im amerikanischen Fachblatt „JAMA" die Daten einer landesweiten Umfrage an rund 5700 Probanden aus. Die Ergebnisse zeigen, dass bei den Studienteilnehmerinnen 30,6 % der Männer und 33,3 % der Frauen in den letzten Monaten an einer Depression litten (National Comorbidity Survey Replication, 2013).

Aufgrund dieser Ergebnisse können folgende Symptome für eine Depression bei Männern zusammengefasst werden (Müller, 2016):

1. Rückzug (sozialer Rückzug, Rückzug Job), welcher häufig verneint wird.
2. Erhöhte Reizbarkeit, Aggressions- und Wutausbrüche, Feindseligkeit, Bereitschaft zum Ärgern, Streitbereitschaft.
3. Erhöhte Risikobereitschaft (im Sport, im Straßenverkehr, beim Sex, in Beziehungen, Drogen- und Alkohol).
4. Exzessiver Alkohol-, Nikotin- und Drogenkonsum.
5. Interessenverlust an Hobbies und sozialen Kontakten.
6. Die verbleibende Energie wird in Notwendigkeiten des Lebens gesteckt, wie beispielweiße dem Beruf nachzugehen oder die Familie zu versorgen.
7. Schlafstörungen und Unruhe.
8. Impulsivität, Konzentrationsprobleme und Gewichtsprobleme.
9. Psychosomatischer Unruhe und Suizidgedanken.

Alkoholkonsum steht dabei vor allem als Kompensationsstrategie im Fokus: beispielweiße zeigen Untersuchungen in jüdisch-orthodoxen Gruppen, in den Alkohol und Suizid stark tabuisiert ist, dass Depressionen ähnlich häufig erkannt werden, wenn Auswege zur Kompensation fehlen (Müller, 2016).

Ein weiteres Problem dabei sind Diagnosefragebögen, die noch immer auf typisch „weibliche" Symptome wie Ängstlichkeit und somatische Beschwerden abzielen. Als Folge könnte daher die Morbidität von Frauen über und die von Männern unterschätzt werden, so Gruber und Gruber (Müller, 2016).

5.5. Suizidalität

Eine Folge der Depression ist der versuchte (20-60%) oder vollendete (15%) Suizid, wobei wiederkehrende Gedanken an den Tod oder Suizidvorstellungen als häufige Begleiterscheinung von Major Depressionen von Betroffenen beschreiben wird (40-80%). Hinweise auf einen bevorstehenden Suizidversuch gilt die genaue Planung wie zum Beispiel die Festlegung des Ortes, Zeit und Art des Suizides oder das beschaffen notwendiger Utensilien wie Waffe oder Seil. Menschen mit einem erhöhten Substanzmissbrauch, vergangenen Suizidversuchen oder Suizide innerhalb der Familie sind dabei besonders gefährdet. Wie eingangs bereits beschrieben sind Männer besonders gefährdet sowie ältere Menschen. Hingegen sind Suizidversuche bei Frauen häufiger zu erkennen. Ein wichtiger Grund für Suizid besteht im Wunsch nach Beendigung des endlos andauernden Gefühlszustandes, der als unangenehm, schmerzhaft und unüberwindbar wahrgenommen wird. Diese Ergebnisse führen dann zur Frage nach frühzeitiger Behandlungsmöglichkeit und Angeboten, gerade für Männer, zum Beispiel emotionsfokussierter Therapie (Bseedo-Baum, 2020, 1039).

6. Praxistransfer

Für die Diagnose empfiehlt es sich, nicht nur ein Erhebungsmodell für Daten zu erfassen, sondern unterschiedliche Informationsquellen und Testungen durchzuführen und multimethodal zu arbeiten. Beispielweiße empfehlen sich validierte psychometrische Instrumente wie Fragebögen oder Skalen, sowie systemische Verhaltensbeobachtung und die Erhebung von Fremdanamnesen (Rief et al, 2012, 15).

Um in der Gegenwart das problematische Verhalten zu systematisieren und eine Therapieplanung abzuleiten empfiehlt sich das SORCK-Modell nach Kanfer und Saslow, 1965 (Rief et al, 2012, 16). Das SORCK-Modell analysiert problematische Verhaltensweisen nachfolgenden Prozessaspekten (Rief et al, 2012, 15):

- S: situative Merkmale wie externe Merkmale der Problemsituation, interne Zustände, welche die Problemsituation auslösen.

- O: Organismusvariablen wie biologische Dispositionen, Aufmerksamkeitsprozesse sowie Bewertungen der Situationsmerkmale.

- R: Reaktionskomponente, wobei in motorisch, kognitiv, emotional und physiologische Reaktionskomponente unterschieden wird.

- C: Diese Reaktionen ziehen Konsequenzen nach sich, die auf eine gewisse Form verstärkend sein können. Beispielweiße das direkte Schmerzverhalten des Klienten oder die negative Verstärkung durch ein Kontrollverhalten bei Zwang.

- K: Zeitliche Verhältnisse, die oftmals als verstärkend wahrgenommen werden wie langfristige Einflüsse bei Problemchronifizierung.

Dieses Modell dient der einfachen Darstellung und Analysen problematischer Verhaltens- und Erlebensweisen, welche als relevant für psychische Störungen eingeschätzt werden. Diese Einschätzung wird auch als Mikroanalyse bezeichnet und ist von der Makroanalyse abzugrenzen. Die Makroanalyse ist dabei keinen spezifischen Situationen unterlegen, sondern wird mehr als übergeordnete Regelmäßigkeit verstanden (Rief et al, 2012, 16). Nachfolgend werden die beiden Analysen anhand des genannten Fallbeispiels vorgestellt.

Herr O. kommt in die ambulante Behandlung und berichtet von seinen langjährigen depressiven Symptomen. Die Therapeutin legt den Fokus auf folgende Fragen:

1. Welche Probleme hat Herr O.?
2. Welche Symptome hat Herr O.?
3. In welchen Momenten ging es Herr O. besser und was war anders?
4. Möchte Herr O. Energie verwenden, um eine Verhaltensänderung herbeizuführen?
5. Kann sich Herr O. von seinen Eltern lösen?

6. Was möchte Herr O.?

6.1. Makroanalyse

Die Makroanalyse zeigt Regelmäßigkeiten und Muster innerhalb der Problematik des Klienten auf, wobei die Mikroanalyse Problemverhalten in einer spezifischen Situation darlegt. Mit den gewonnenen Erkenntnissen aus beiden Analysen, von Verhalten und Erleben des Klienten, kann dann ein Therapieplan abgeleitet werden (Rief et al, 2012, 16).

Begonnen wird dabei mit den Situativen Merkmalen, die das symptomauslösende Ereignis sowie die aktuelle Lebens- und Beziehungsgestaltung von Herrn O. aufzeigen (Rief et al, 2012, 15). Aktuell ist Herr O. unzufrieden mit seiner Situation, er fühle sich blockiert, frustriert und sei enttäuscht von sich selbst. Außerdem beschreibt er sich selbst als hoffnungslos und versuche sich zu arrangieren. Finanziell sei er zwar abgesichert, die Unzufriedenheit sei aber deutlich spürbar – auch die Unsicherheit in Bezug auf seine Umschulung. Seinen Freundeskreis beschreibt er als groß und soweit stabil, jedoch haben viele Freunde auch die Zeit mit der Familie verplant. Sport sei für Herrn O. zwar eine gute Freizeitaktivität, jedoch verspüre er auch hier immer wieder deutlichen Druck. Die Familiäre Situation ist für Herrn O. immer wieder mit Unverständnis und vielen Spannungen beladen, eine Freundin hatte er seit 8 Jahren nicht und auch keine Kinder aus früheren Beziehungen. Bereits seit seinem 20. Lebensjahr – nun mehr als 20 Jahre – habe er die depressiven Symptome. Vor allem der damalige Ortswechsel und eine beendete Liebesbeziehung mache er dafür verantwortlich. Die damaligen Symptome waren Schlafstörungen, innere Unruhe, Grübeln sowie Selbstwertprobleme. Eine Operation bei seiner Mutter löste eine weitere depressive Episode aus, die durch hohe Belastung gekennzeichnet war. Aufgrund von fehlender Kommunikationsmöglichkeiten seitens Herrn O. folgte ein sozialer Rückzug, der durch einen Wegfall sozialer Kontakte geprägt war. Herr O wolle außerdem niemanden zur Last fallen. Herr O. hatte immer versucht, seine Probleme nicht zu sehr in den Mittelpunkt zu stellen – so krank sei er nun nicht. Bei der Organismusvariablen steht die Lerngeschichte Herrn O's im Mittelpunkt der Beschreibung, sowie die Beziehungen der Eltern zueinander, die Familiensituation sowie die Persönlichkeiten. Für die Beschreibung sind vor allem die Lebensereignisse, bedrohliches Verhalten der Eltern gegenüber Kindern, auslösende und aufrechterhaltende Faktoren sowie erworbene Ressourcen und Fähigkeiten in dieser Zeit von Bedeutung (Sulz in Hautzinger, 2015, 186). Herr O beschreibt seinen Vater als einen pessimistischen und emotionslosen Menschen, der Sicherheit benötigt. Er sei leistungsorientiert und auf eine große Anpassung bedacht. Sein Vater und das Männerbild, mit dem Herr O aufwächst sei eines aus dem letzten Jahrhundert und es gab kaum einen Gefühls- oder Emotionsaustausch zwischen Vater und Kind. Auch wenn die Mutter im Gegenzug dazu als gesellig, harmoniebedürftig und ordnungslieb beschrieben wurde, gab es keinerlei Austausch von Gefühlen und Emotionen zwischen den Eheleuten. Da Herr O. Einzelkind ist, wurde alle Aufmerksamkeit während der Schulzeit auf Herrn O gerichtet und ein enormer Leistungsdruck lag auf Herrn O. (bedrohliches Elternverhalten). Herr O musste aufgrund des Fokus seines Vaters seine Vorliebe für Sport und Geschichte zurückstecken und richtete sich kaufmännisch aus. Die Ausgangssituation für die spätere frustrierende Lebenssituation Herrn O's nahm hier den Anfang, als er auf Wunsch des Vaters und gegen seinen eigenen Willen den Beruf zum Bankkaufmann antrat (frustrierendes Elternverhalten). beide Elternteile sind Ende der 1930er Jahre geboren und haben den 2. Weltkrieg in früher Kindheit miterlebt. Neben den Großeltern ist davon auszugehen, dass auch Herrn Os Eltern durch den Weltkrieg traumatisiert sind und vermutlich auch Herrn O's Vater an einer Depression leide. Dies wiederum kann eine sekundäre Traumatisierung von Herrn O mitausgelöst haben, wobei es sich von einer Übertragung der posttraumatischen Stresssymptome auf Menschen handelt. Diese primär-

Traumatisierung betrifft Menschen, die wie Herr O mit Depressiven Menschen in Kontakt sind, ohne selbst direkt konfrontiert zu sein. Bei der sekundären Traumatisierung entwickeln sich ähnliche Symptome wie bei einer primären Traumatisierung und wird als Belastungsstörung beschrieben, sekundär Betroffene haben dabei ähnliche Symptome wie direkt Betroffene. Diese Symptome können Ohnmacht, Hilflosigkeit, Schuld- und Schamgefühle sein und auf körperlicher Ebene können Schlafstörungen, innere Unruhe, Nervosität, Erschöpfung und gleichzeitigem Schlafmangel auftreten. Die Welt fühlt sich durch ein schütterndes Weltbild häufig nicht mehr sicher an – die Angst einer plötzlichen Bombardierung oder der Ausbruch von Krieg kann dafür verantwortlich sein (Sieber, 2016, 77). Für die Makroanalyse der Familiensituation leitet sich Verhaltensstereotypen ab, die auf die Entwicklung einzelner Familienmitglieder unterschiedlich stark einwirken. In Herrn O's Familie zeigen sich grundsätzliche Stereotype wie Leistung, Fokus auf Sicherheit, Anpassung und Vermeidung von Gefühlsäußerungen, was auf den Zusammenhang des Krieges zurückzuführen ist (Sulz in Hautzinger, 2015, 187).

Herrn O's Lerngeschichte wird mi Hilfe verschiedener Modelle erklärt, wobei die Depression innerhalb der klassischen Konditionierung als Folge von Reit- und Belohnungsverarmung (Verstärkerverlust) erklärt werden kann. Aufgrund der anfänglichen Anstrengung mit gleichzeitiger Angstvermeidung, lässt sich dies wie folgt aufzeigen:

UCS	Gefahr des Verlustes an Zuneigung (Bedrohliches Vater-Verhalten).
UCR	Angst vor der Gefahr des Verlustes der Zuneigung.
CS	Gedanken und Erinnerung an die Gefahr des Verlustes an Zuneigung (kognitive Repräsentation des UCS).
CR	Angst wie UCR (sog. Erwartungsangst), katastrophierende Gedanken.

Durch die Vermeidung von Trauer- und Schmerzreaktion in den deprimierenden Lebensphasen, könnte Herr O eine doppelte Depressive Symptomatik haben. Das heißt, seine Lage und das Wissen darüber, könnte eine weitere depressive Phase auslösen:

UCS	Verlust.
UCR	Trauer und Schmerz.
CS	Verlustgedanken, Befürchtung und Erwartung, dass dasselbe wieder passieren wird.
CR	Trauer, Schmerz (Erwartungsdepression).

Ein weiteres Modell, das Lernen am Modell, kann ausschlussreiche Informationen über Herrn O's Lerngeschichte und die Variablen zur Entstehung seiner Depression aufzeigen. Herr O ist in einem klassischen, konservativen Elternhaus mit klassischen Rollenbildern und Beziehungsbildern groß geworden. Das Elternhaus lebte Herrn O ein Männerdominates Lebensmodell mit destruktiven Zukunftsideen vor, indem Gefühle reduziert oder gar nicht aufgezeigt wurden, Aggressionen vermieden oder gegen sich selbst gerichtet wurden, mit einem hohen Fokus auf Leistung. Hieraus ergeben sich dysfunktionale Verhaltenstendenzen, die zu einem negativen Selbstbild führen. Glaubensätze wie „ich bin nicht gut genug" sowie selbstabwertende Gedanken, mangelnde Selbstwirksamkeitserwartungen (man glaubt, man habe keinen Einfluss auf das eigene Leben) und Konfliktunfähigkeit haben ein Rückzugsverhalten zur Folge (Sulz in Hautzinger, 2015, 186 ff).

Weitere Analyseskalen sind die Verhaltens- und Reaktionskette Herrn O's sowie die Funktionale Analyse der Person. Bei der Verhaltens- und Reaktionskette ist festzuhalten, dass bei Herr O auf Frustration die primäre Emotion als Reaktion Ärger ist. Herrn O's Reaktion als Handlungsimpuls ist dabei die Passivität bzw. Konfliktvermeidung. Diese Reaktion entsteht durch die Angst vor Ablehnung und kann als Emotion von Herrn O gesehen werden. Das gegensteuernde Gefühl, das den Handlungsimpuls dabei stoppt, ist die mangelnde Selbstwirksamkeitserwartung. Daraufhin greift das vermeidende Verhalten von Herr O und der Rückzug endet in depressiver Verstimmung. Die Funktionale Analyse der Person Herr O lässt selbstunsichere und destruktive Persönlichkeitszüge erkennen. Diese zeigen sich in sozialen zurückhaltenden Interaktionen, emotionaler Instabilität, abhängigem Verhalten und Konfliktvermeidung wieder. Die gefühls- und Emotionsregulation Herr O's zeigt eine introvertierte Haltung mit niedrigem Gefühlsaustausch. Zentrale Ängste der Vermeidung sind Ängste des Verlassenwerdens, Bedrohung durch Gefühle, Angst vor Liebesverlust und Ablehnung der Person. Tendenzen zum Angriff sowie zu Angst und Wut lassen sich somit auf zentrale Ängste wie Liebesentzug und Ablehnung beziehen (Sulz in Hautzinger, 2015, 186 ff).

Die Konsequenzvariablen zeigen auf, dass Herr O Konflikte vermeidet, aufgrund der genannten Ängste wie Verlust und Liebesentzug. Hätte Herr O seine eigenen Bedürfnisse benennen können und hätte sich darin als wirksam erlebt, hätte es keine negativen Auswirkungen mit sich gebracht. Doch Herr O erlebte sich nicht als Selbstbestimmt und fähig dazu, eigene Entscheidungen zu treffen. Ein sekundärer Verstärker dafür war die leistungsorientierte Tendenz, die ihm Sicherheit geben musste. Daraus ergibt sich ein verhaltensgesteuertes Schema, durch das sich Überlebensregeln oder Glaubenssätze für Herrn O generalisiert haben: Anpassung, Gehorsam und Unterwürfigkeit erlauben eine (Schein-) Sicherheit, um die Gefahr des Verlassenwerdens und Ablehnung zu verhindern und die bedrohliche Außenwelt auszuschalten (Sulz in Hautzinger, 2015, 186ff).

Aus Sicht des biopsychosozialen Modells kann außerdem ein dreifach erhöhtes Erkrankungsrisiko für deine Depression, durch den Vater, gestellt werden, sowie ein Mangel an Noradrenalin, Serotonin und Dopamin und einen chronisch erhöhten Cortisol Spiegel. Dieses Modell zeigt auf, was auf welcher Ebene (biologisch, sozial, kulturell und psychisch) ausgelöst wird, was wiederum für die Persönlichkeitsfaktoren sowie den Therapieplan von Vorteil ist (Egger, 2005, 10ff).

6.2. Mikroanalyse

Die Mikroanalyse kann zum Beispiel durch die Plananalyse oder die Schemaanalyse durchgeführt werden, wobei bei der Schemaanalyse kognitive Schemata der Klientinnen analysiert werden. Diese kognitiven Grundstrukturen formen das individuelle Verhalten (Rief et al, 2012, 16).

Wie bereits beschrieben gilt als Grundmodell der Mikroanalyse das sog. SORC-Modell (Stimulus-Organismus-Reaktions-Konsequenz). Dieses lineare Modell, welches vielleicht zunächst sehr einfach erscheint, kann sehr komplexe Zusammenhangsbeschreibungen erfassen. Das Modell kann unterschiedliche Variablen erfassen, die in unterschiedlichsten Konstellationen zu unterschiedlichen Konsequenzen führen können, was nachfolgende Abbildung aufzeigt (Hautzinger et al, 2016, 5):

Auslöser Situation (S)	Einstellungen biologische Prozesse (O)	Reaktion, Emotion Verhalten, Denken (R)	Konsequenzen Folgen (C)
Busfahrt	Angespannte Erwartung	Nervös, Angst	Erleichterung
Kneipe	Alleine	Blasendruck	Beschwerden
Kino	„Ich darf mich nicht	Hin- und Herrutschen,	und Angst ver-
Fremder Ort	blamieren"	Verkrampft,	schwinden
	„Bloß nicht auffallen"	„Mache gleich in die Hose"	
		„Muss hier raus",	Immer mehr Angst
		Weglaufen, Flucht auf WC	Mehr Vermeidung

Abbildung 7: Horizontale Mikroverhaltensanalyse entsprechend dem SORC-Schema (Hautzinger et al, 2016, 5).

Mit dem Stimulus werden alle internen und auch externen Reizbedingungen beschrieben, die dem Verhalten der Person vorausgehen und in

Zusammenhang stehen. Dies können Umweltreize sein, die eine Signalwirkung haben (unkonditioniert, konditioniert). Die Exploration wäre „Wo waren Sie zu diesem Zeitpunkt", worauf die Antwort „Vor dem Haus, ich stand auf dem Rasen", sein könnte. Die Organismusvariablen beschreiben die biologischen, physiologischen und psychologischen Faktoren, die den Verhaltensspielraum und somit der Persönlichkeitsvariablen einer Person beeinflussen. Dazu gehören zum Beispiel die Intelligenz, das Selbstkonzept, Genetische oder körperliche Besonderheiten, Grundeinstellungen und kulturelle Bedingungen. Dabei werden Wesenszüge als stabile, situationsübergreifende Merkmale des Verhaltens beschrieben. Fragen zur Exploration könnten lauten „Wie würden Sie sich selbst beschrieben?", worauf Selbstzweifel oder Unsicherheiten Antworten sein könnten. Die Reaktionen darauf sind Verhalten, Symptome oder andere Bewältigungsstrategien. Diese können im Bereich der Kognitionen subjektive Bewertungen, Erwartungen oder Automatische Gedanken sein. Auf der Gefühlsebene ist damit das subjektiv-emotionale Erleben gemeint. Körperliche Veränderungen können beispielsweise physiologische Reaktionen sein und auf beobachtender/ motorischer Ebene sehen wir das verhalten, wie beispielsweise Vermeidung, Verhalten in Konflikten oder Verhaltensdefizite. Die Konsequenzen sind dabei positive oder negative Folgen auf die Reaktion R, die den Zeitpunkt, die Intensität und Dauer und Stabilität eins Verhaltens beeinflusst werden könne. Dabei wir in der Regel zwischen Langzeit- und Kurzzeitkonsequenzen unterschieden, wobei in der Regel die kurzfristigen Folgen verhaltenswirksam sind und in der Regel wirken unterschiedliche Mechanismen zeitgleich auf die Person ein. Dabei werden die Verstärker in extrinsisch (Geld, Zuwendung) und intrinsisch (Stolz, Freude) beschrieben, was in nachfolgender Tabelle zusammengefasst gezeigt wird (Hoyer, 2020, 544):

Tabelle 2: SORK-Modell (Hoyer, 2020, 545).

Stimulus (S)	Organismusvariable (O)	Reaktion (R)	Konsequenz (C)
Si: Angst jemanden zu enttäuschen, zu versagen oder zu verlieren.	Ob: Angst verlassen zu werden, niedriger Selbstwert, nicht zu genügen. Hoher Anspruch an sich selbst, Perfektionismus, mangelnde Selbstwirksamkeit.	Rmot: Rückzug und oder Isolation.	Ck: Keine Kritik aushalten, Konflikte mit der Außenwelt (Vermeidungsverhalten).
Se: Stress und Anspannung durch Arbeitsüberla stung, Konflikt.	Op: Kopfschmerzen, Verspannungen und Ein- bzw. Durchschlafprobleme.	Rkog: Zum einen Selbstabwertung und Aushalten/ nichts ändern zu können.	Cl: Traurigkeit und Unzufriedenheit.
		Rem: Enttäuscht von sich selbst, Traurigkeit darüber, Versagensängste und Überforderung.	Ci: Rückzug und Alleinsein.
		Rphys: Kopfschmerzen, Schlafstörungen und Verspannungen.	Ce: Wegfall sozialer Verstärker
			C+: Anerkennung durch Umfeld, Berufserfolg, Finanzielle Absicherung
			C-: keine Erfüllung in Beruf und Leben, weitere Absenkung des Selbstwertgefühls.

6.3. Fallkonzeptualisierung und Therapieplanung

Das Spektrum der anerkannte Psychotherapieverfahren, denen ein empirisch validierte Interventionsmethoden zur Verfügung steht, ist mittlerweile enorm gewachsen. Da in der Regel auch verschiedene Interventionsmethoden kombiniert werden und eventuell durch Medikamente begleitend gegeben werden, ist es unerlässlich, um nicht unsystemisch vorzugehen, ein Gesamtkonzept zu erarbeiten, welches den Therapeuten einen roten Faden bieten kann. Dafür wird nun das Arbeitsblatt einer Fallkonzeptualisierung und

Therapieplanung nach Mattejat und Quaschner herangezogen (Mattejat et al,

2019, 26 und 32ff):

Kurzzusammenfassung der Diagnostik-Ergebnisse	a) Diagnose nach ICD-10: idivierende depressive Störung mit gegenwärtig verer Episode ohne psychotische Symptome" (F33.2) sowie sekundäre matisierung; Konzentrationsstörungen (F06.7), Schlafstörungen (F51,-), fschmerzen (R 51.-) und schmerzhafte Verspannungen (M 54.99). derkehrende depressive Stimmung, Interessenverlust, Aktivitätseinschränkung, idlosigkeit, Antriebsverminderung, Schlafstörungen. Weiterhin unbegründete istvorwürfe und eine erhebliche Beeinträchtigung des Selbstwertgefühls. ktionsniveau nach GAF: ng 50= mäßig bis ausgeprägte Symptome, wie Beeinträchtigungen in mehreren eichen (Aktivitäten, Stimmung, familiäre Beziehungen.) b) Relevante störungsspezifische Leitlinien
Problemanalyse auf Makroebene	a) Entwicklungsgeschichte der psychischen Störung: che Faktoren haben zu der Störung beigetragen? → früher Leistungsdruck durch Vater, depressiver Vater, große Unsicherheit, angepasstes Verhalten, um Aufmerksamkeit zu bekommen, was sich im Berufsleben fortsetze und hohen sozialen Druck verursachte. Niedriges Selbstbewusstsein. Hohe Leistung am Arbeitsplatz brachte ihm Anerkennung. che Faktoren/ Entwicklungsaufgaben haben zur Auslösung der Störung ietragen? → Hoher Stress durch soziale Zurückweißung der damaligen Freundin (Trennung) und Streit im Elternhaus. Dies führte vermutlich auch zum Rückzug von Partnerschaftlichen Verbindungen, was zusätzlichen Stress verursachte. che Faktoren haben dazu beigetragen, dass sich die Störung verfestigt hat? keaktionen der Eltern, Rückzugsverhalten Herrn O in sozialen Bereichen, itungsdruck als alleinige Anerkennung im Elternhaus, Sport als Ausgleich schwer rtragen. b) Aktuelle und relevante Faktoren/ Belastungen und Ressourcen: istungen: Aktuelle Faktoren, die zur Aufrechterhaltung beitragen? → Rückzug, Leistungsdruck, der sich auf die Freizeit ausbereitet, grübeln und unsichtbar machen, Konfliktscheu, Stress durch Konflikte wird durch Überarbeitung versucht auszugleichen. che Ressourcen tragen zur Bewältigung bei? → Durchhaltevermögen, finanzielle Absicherung, gesund (Sport), Sport als Ausgleich, Natur, prosoziale Verhaltenskompetenz, Bildung, Konfliktscheu kann dabei helfen, Freundschaften zu pflegen, hoher Anspruch an sich kann auch dabei helfen, eine Lösung zu finden.

	Grafisches Modell zur Aufrechterhaltung der Hauptbelastungen nach Mattejat (Mattejat et al, 2029, 32ff): 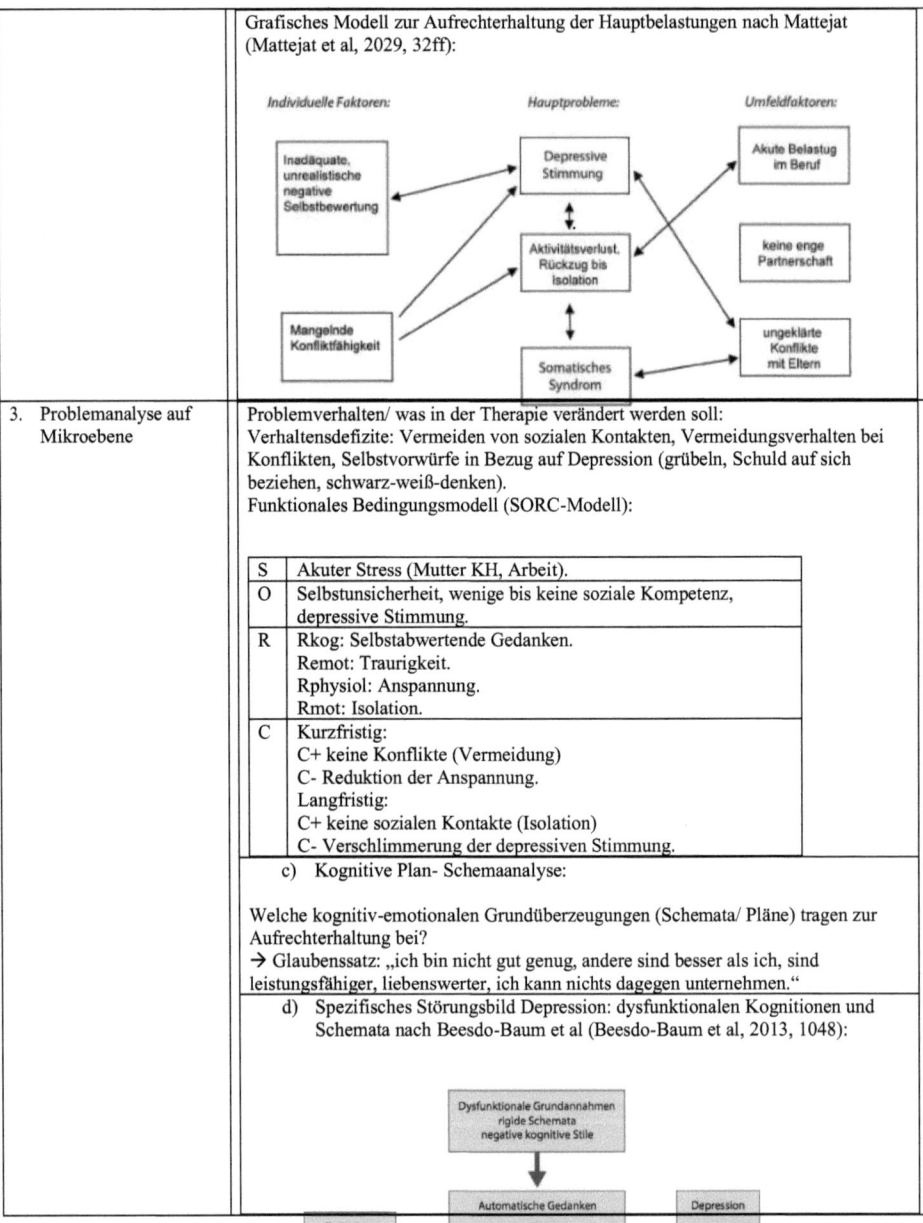
3. Problemanalyse auf Mikroebene	Problemverhalten/ was in der Therapie verändert werden soll: Verhaltensdefizite: Vermeiden von sozialen Kontakten, Vermeidungsverhalten bei Konflikten, Selbstvorwürfe in Bezug auf Depression (grübeln, Schuld auf sich beziehen, schwarz-weiß-denken). Funktionales Bedingungsmodell (SORC-Modell):

S	Akuter Stress (Mutter KH, Arbeit).
O	Selbstunsicherheit, wenige bis keine soziale Kompetenz, depressive Stimmung.
R	Rkog: Selbstabwertende Gedanken. Remot: Traurigkeit. Rphysiol: Anspannung. Rmot: Isolation.
C	Kurzfristig: C+ keine Konflikte (Vermeidung) C- Reduktion der Anspannung. Langfristig: C+ keine sozialen Kontakte (Isolation) C- Verschlimmerung der depressiven Stimmung.

c) Kognitive Plan- Schemaanalyse:

Welche kognitiv-emotionalen Grundüberzeugungen (Schemata/ Pläne) tragen zur Aufrechterhaltung bei?
→ Glaubenssatz: „ich bin nicht gut genug, andere sind besser als ich, sind leistungsfähiger, liebenswerter, ich kann nichts dagegen unternehmen."

d) Spezifisches Störungsbild Depression: dysfunktionalen Kognitionen und Schemata nach Beesdo-Baum et al (Beesdo-Baum et al, 2013, 1048):

4. Therapieziele und Behandlungsplan	a) Wie ist die Behandlungsmotivation einzuschätzen? Da Herr O einen hohen Leistungsdruck hat, ist davon auszugehen, dass auch die Motivation und Kooperation bei der Therapie sehr hoch sein wird. b) Rahmenbedingungen der Therapie: In welchem Setting sollte die Therapie durchgeführt werden? → Eine stationäre Behandlung wäre möglich, um Herr O eine Entlastung der Arbeit bieten zu können. Eine ambulante Behandlung sollte jedoch angestrebt werden, damit Herr O seine sozialen Kontakte und seinen Alltag strukturieren kann. Die Dauer der Therapie sollte über eine akute und Erhaltungstherapie hinaus gehen. Sollten Medikamente hinzugezogen werden? → Vorerst keine medikamentöse Behandlung indiziert. Wer ist in den therapeutischen Ablauf miteingebunden? → Da der Fokus auf der Aufarbeitung der Kindheit sowie aktueller Lösungsorientierungen in Bezug auf eine Verbesserung der sozialen Bindungen liegt, wird zu einem systemischen sowie Verhaltenstherapeutischen Ansatz geraten. Herr O sollte in Betracht ziehen seine Eltern in den Prozess miteinzubinden sowie in Absprache mit dem Hausarzt und seinen Freuden ein Umfeld schaffen, in dem Menschen über seine Situation Bescheid wissen, um ihn zu unterstützen. c) Behandlungsziele/ Therapieprognose: Das Behandlungsziel kann als Zielanalyse zu Beginn der Therapie festgehalten und regelmäßig überprüft werden. Dabei wird das Zielverhalten, sowie das momentane Verhalten festgehalten mit dem Ausblick auf die Kriterien zur Veränderung (Hoyer et al, 2020, 552): Zielverhalten: Ansprechen von Konflikten → Momentanes Verhalten: Rückzug → Kriterium für Veränderung: Sicherheit von Zuneigung der Eltern, Abgleichen der Realität durch Gespräch oder Gedanken. Für die Behandlungsziele haben weitere Methoden eine Wichtigkeit, wie beispielsweise die Ressourcenaktivierung von Herr O (Hoyer et al, 2020, 576). Für Herrn O wäre außerdem ein positiver Verlauf gegeben, wenn er neben der Aufarbeitung der elterlichen Situation eine positive Lebensgestaltung als autonome Entscheidung wahrnehmen kann. Dazu könnte der motivierende Ansatz hilfreich sein. Herr O muss sich langfristig als Selbstwirksam wahrnehmen, weswegen eine ambulante Behandlung angestrebt werden sollte, um Herr O auch in seinem Alltag zu stabilisieren. Dieser Ansatz könnte Herr O die Sicherheit geben, die er benötigt, um eine langfristige Veränderung anzustreben und ihn gleichzeitig mit den Anteilen väterlicher Seite in Verbindung und Abgrenzung bringen (Hoyer et al, 2020, 592):

Prognose: Die hohe Therapiemotivation Herrn O's spricht zwar für einen positiven Verlauf, jedoch sind die chronischen Selbstzweifel und das Selbstbild, sowie die elterliche Macht auf Herrn O als erschwerende Faktoren zu betrachten.

d) Interventionen und Methoden:

1. Selbstwirksamkeit durch Entspannung und Achtsamkeit.
2. Aufarbeiten der Biographie.
3. Psychoedukation: Was sind Bedürfnisse und was ist eine gute Beziehung.
4. Kommunikation als Grundlage für Bedürfnisse und Konflikte.
5. Erkennen von Muster auf Konflikte, Erkennen, wenn Muster greifen.
6. Handlungsmöglichkeiten erarbeiten, wenn Muster greifen.
7. Alltag strukturieren und Aufbau von Beziehungen anstreben.
8. Lernen zu erkennen, wenn Krisen anstehen.
9. Präventiv handeln lernen.
10. Symptome rechtzeitig erkennen.
11. Soziales Umfeld besteht/ Beruf macht Spaß.

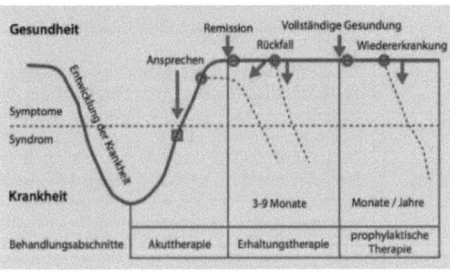

Abbildung 8: Phasen der Behandlung (Hoyer et al, 2020, 1053)

7. Diskussion

Global gesehen machen depressive Störungsbilder unter allen psychischen Krankheitsbildern die größte Last und treten in einem Lebenszeitrisiko ca. zu 20-30% auf. Vor allem durch den, häufig jahrelang und rezidivierend Krankheitsverlauf, ist die depressive Belastung und die damit einhergehenden Einschränkung für Betroffene oft ein Marathon, der mit erhöhter Suizidalität enden kann. Die Lebenszeiteinschränkungen sowie die Folgen für das soziale und berufliche Umfeld sind dabei häufig essenziell sowie generationsübergreifend sowie durch Transgenerationale Weitergabe geprägt. Daher ist es von hoher Bedeutung, dass depressive Störungen sorgfältige und begünstigende Therapiestrategien aufweisen, besonders für eine langanhaltende Symptomremission. Auch die Aufklärung über Ursachen, Faktoren und Entwicklung einer Depression ist dabei essenziell (Hoyer et al, 2020, 1065ff).

Vor allem die Transgenerale Weitergabe von psychischen Krankheitsbildern, insbesondere das der Depression, benötigt durchaus mehr Aufmerksamkeit. In Deutschland erkranken laut deutscher Depressionshilfe jede vierte Frau und jeder achte Mann im Laufe des Lebens an einer Depression. Insgesamt machen das ca. 5,3 Mio. der erwachsenen Deutschen – potenziell steht einer Weitergabe an kommende Generationen also eine gute Aufklärung im Weg, vor allem in Hinblick auf Präventive Maßnahmen mit Blick auf das männliche Geschlecht (deutsche Depressionshilfe). Ein weiteres Problem bei der Weitergabe von depressiven Symptomen ist, dass Männer ihre Probleme outsourcen. Das bedeutet, dass Männer ihre Probleme damit Verdrängen, indem sie ihre Wut oder Aggression nicht nur gegen sich, sondern auch gegen Menschen in ihrem Umfeld richten, wie beispielweise Frau, Kinder oder

Vorgesetzten. Depressive Frauen leiden bei einer Depression also anders, sie leiden für sich selbst, währenddessen Männer leiden lassen, so der Therapeut Jens-Miachel Wüstel im Interview mit dem Focus über sein Buch „Männliche Depression" (Preuk, 2019).

Obgleich also festgestellt werden kann, dass das biologische Geschlecht unterschiedliche geschlechtsspezifische Verhalten und Verhaltensketten impliziert, setzt es kein übergreifendes geschlechtsspezifisches Verhaltensrepertoire fest, dient also als Orientierung und es bedarf an weiteren Forschungen auf diesem Gebiet, vor allem mit Hinblick auf Prävention (Hoyer, 2020, 1035ff).

8. Prävention

Im Hinblick auf die Möglichkeit möglichst viele Männer zu erreichen, sind Programme in der Schule und für junge Menschen eine gute Möglichkeit. Zum einen berichtet Brent et al über langfristige Effekte bei kognitiven Präventionsprogrammen (Brent in Hoyer, 2020, 1066).

Bei Jugendlichen, so Pössel et al, zeigen kognitiv-verhaltenstherapeutische Konzepte die besten Ergebnisse, wie auch die Metaanalyse von Durlak und Wells aufweisen: es zeigt sich eine doppelt so hohe Effektstäke, wie bei andere Präventionsprogramme. Unrealistische und dysfunktionale Gedanken sowie geringe soziale Kompetenzen sind dabei nach dem Multifaktoriellen Depressionsmodell zentrale Risikofaktoren für die Entstehung von Depressionen. Daher sollte die Prävention auf die Förderung von funktionalem, also realistischem und hilfreichem Gedanken und, mit Hinblick auf die geschlechterunterschiede, auf das Training sozialer Kompetenzen gerichtet sein. Funktionale Gedanken können dabei als Schutzfaktor gegen die Entstehung von Depressionen aufgrund von belastender Lebensereignisse wirken. Soziale Unterstützung ist dabei ebenso wichtig wie soziale Fertigkeiten, die im Umgang mit, vor allem positiven männlichen Vorbildern, erprobt werden können. Laut Pössel et al sind verschiedene Punkte beim Einsatz von Präventionsprogrammen zu beachten, welche bei einer empirischen Studie mit einem 6-Monats Follow-up bestätigt werden konnte (Pössel et al, 2006, 111):

1. Alter der Teilnehmenden, da depressive Symptomatik mit dem Alter ansteigen und bestenfalls vor dem 14. Lebensjahr beginnen,
2. Schultyp, da die meisten Depressionen an Realschulen, dicht gefolgt von Hauptschulen zu vermerken sind,
3. Depressive Symptomatik zu Beginn des Programmes

Für die Allgemeinbevölkerung gibt es außerdem Präventionsprogramme, um flächendeckend über Symptome und Möglichkeiten der Behandlungen und Erkennung der Symptome möglichst frühzeitig aufzuklären. Diese Präventionsprogramme setzten auf verschiedene Ebenen an, um die Depressionsversorgung zu verbessern. Diese Maßnahmen soll die Bevölkerung darin stärken, selbst gesund zu bleiben und bei anderen Menschen frühzeitig Symptome zu erkennen und Handlungsmöglichkeiten zu geben. Dabei wir in Sekundarprävention (eine Depression frühzeitig erkennen) und Teritäprävention (Wie lassen sich eventuelle Rückfälle vorbeugen) unterscheiden. Diese Maßnahmen dienen auch der Verhinderung von Suiziden und wird allgemein durch TV, Werbung, Flyer und Radiobeiträgen erreicht (Bundesministerium für Gesundheit).

9. Ausblick

Abschließend lässt sich folgendes Fazit ziehen: nicht nur die Unterdiagnostizierung bei Männern ist ein wichtiger Punkt bei der Bekämpfung von Depressionen, sondern auch die Forschung und Forschungsmethoden unterliegen einem straken Gender-bias bezüglich der

Symptome und Abwehrmechanismen, die bereits in Literatur und Beurteilungsbögen vorwiegend bis ausschließlich auf weibliche Personen ausgelegt sind. Die typisch genannten Symptome und depressionsabwehrenden Strategien wie Wut, Aggression, Verdrängung und Verschiebung des Problems, Alkoholkonsum, illegaler Drogenkonsum, andere Persönlichkeitsmerkmale wie ADHS, Grübeln, Rückzug, Schweigen und Melancholie werden nicht erfasst. Neue Beschreibungen wie „toxische Männlichkeit" können dabei Chance sein, diesem Missstand neue Aufmerksamkeit zu geben. Leider führen das nicht erkennen der Symptome auch immer wieder zu falsch Diagnosen, wie beispielweiße ADHS, bipolare Störungen oder gar Schizophrenie. Es müssen zukünftig also bessere Präventionsangebote gemacht werden, bei denen Eltern, Kinder und Jugendliche über die Gefahren von Depressionen und das Erkennen von Depressionen gezielt geschult werden. Dazu gehört auch der Ausbau der Versorgung bei psychischen Erkrankungen sowie das Abbauen von Stigmata in Bezug auf psychische Störungen. Neben den genannten Punkten fehlt es außerdem an Studien und weitere Screeningsinstrumenten, um neue Zahlen und Daten zu bekommen, um Zusammenhänge zwischen Depression, Sucht, Aggression und Suizid aufzuzeigen. Daher sollte vor allem die Kriterien und Diagnostik im Bereich der Depressionsforschung und Behandlung überarbeitet werden, um die Suizidraten zu senken und frühzeitige und passende Angebote für Therapien und Begleitungen zu geben, auch für Angehörige und Kinder von depressiven Menschen, insbesondere auch um den Schutz vor (häuslicher) Gewalt zu begünstigen.

Abbildung 9: Depression Weltweit nach Geschlecht (OWID, Statista, 2019).

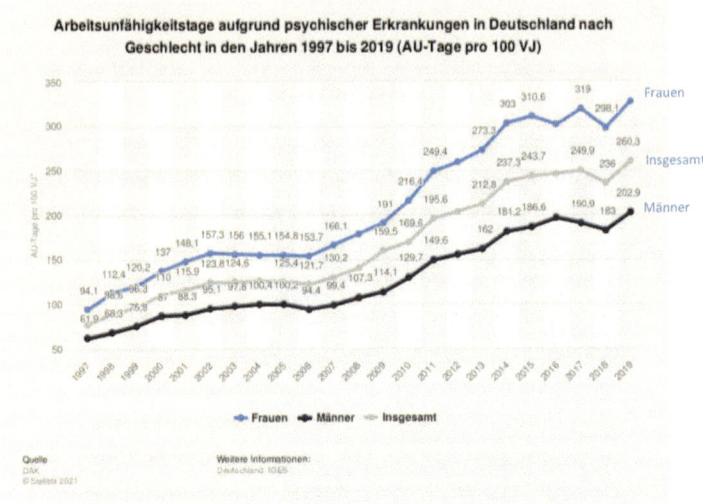

Abbildung 10: Arbeitsunfähigkeit nach Geschlecht (DAK - Gesundheitsreport 2020, Statista).

11. Literaturverzeichnis

A.M. Möller-Leimkühler · N.-C Paulus · J. Heller Psychiatrische (2007). *„Male depression" in einer Bevölkerungsstichprobe junger Männer.* Klinik, LMU, München.

AOK (2016) Faktenblatt zu Depression - Deutsche Depressionshilfe.

Banaszczuk, Y. (2019). *Tödliche Geschlechterrollen.* Spektrum 1617962.

Beesdo-Baum K., Wittchen, HU. (2020) *Depressive Störungen: Major Depression und Persistierende Depressive Störung* (Dysthymie). In: Hoyer J., Knappe S. (eds) Klinische Psychologie & Psychotherapie. Springer, Berlin, Heidelberg.

Caspar F., Pjanic I., Westermann S. (2018) *Epidemiologie und Ätiologie. In: Klinische Psychologie.* Basiswissen Psychologie. Springer VS, Wiesbaden.

Egger, J. (2005). *Das biopsychologische Krankheitsmodell. Grundzüge eines wissenschaftlichen begründeten ganzheitlichen Verständnisses von Krankheit.* Forschung und Lehre: Psychologische Medizin Nummer 2.

Fritzsche, K.; Wirsching, M. (2020). *Basiswissen Psychosomatische Medizin und Psychotherapie.* Springer Verlag: Berlin und Heidelberg.

Hautzinger M. (2009) *Depression.* In: Margraf J., Schneider S. (eds) Lehrbuch der Verhaltenstherapie. Springer, Berlin, Heidelberg.

Hautzinger M., Linden M. (2016) *Verhaltenstherapie – Grundlagen und klinische Anwendungsprinzipien.* In: Möller HJ., Laux G., Kapfhammer HP. (eds) Psychiatrie, Psychosomatik, Psychotherapie. Springer Reference Medizin. Springer, Berlin, Heidelberg.

Hautzinger M., Linden M. (Hrsg.) (2015) *Verhaltenstherapiemanual.* Springer-Lehrbuch. Springer, Berlin, Heidelberg.

Hoyer, J., Knappe, S. (2020). *Klinische Psychologie & Psychotherapie.* Springer, Berlin, Heidelberg.

Laux G. (2008) *Depressive Störungen. In: Möller HJ., Laux G., Kapfhammer HP.* (eds) Psychiatrie und Psychotherapie. Springer, Berlin, Heidelberg.

Mattejat F., Quaschner K. (2019) *Fallkonzeptualisierung.* In: Kircher T. (eds) Kompendium der Psychotherapie. Springer, Berlin, Heidelberg.

Müller, T. (2016). *Diagnostik je nach Geschlecht.* CME 13, 40

Owid (2019). Anteil der Weltbevölkerung mit Depression nach Geschlecht bis 2017.

Pössel, P., Horn, A., Hautzinger, M. (2006) *Vergleich zweier schulbasierter Programme zur Prävention depressiver Symptome bei Jugendlichen.* Zeitschrift für Klinische Psychologie und Psychotherapie (2006), 35, pp. 109-116.

Rief W., Stenzel N. (2012) *Diagnostik und Klassifikation.* In: Berking M., Rief W. (eds) Klinische Psychologie und Psychotherapie für Bachelor. Springer-Lehrbuch. Springer, Berlin, Heidelberg.

Siebert, G., Pollheimer-Pühringer, M. (2016). *Flucht und Trauma im Kontext Schule. Handbuch für Pädagoginnen.* UNHCR Österreich Statistisches Bundesamt (2021). Pressemitteilung Nr. N 022 vom 30. März 2021.

Tomorrow Focus Media (2015). *Wie oft gehst Du in etwa zu präventiven Arztbesuchen?* Social Trends - Gesundheit 2.0, Seite 8.

Internetquellen

Bundesministerium für Gesundheit (2021). *Depression.* Zuletzt aufgerufen am 16. 07.2021. Verfügbar unter: https://www.bundesgesundheitsministerium.de/themen/praevention/gesundheitsgefahren/depression.html

Statistisches Bundesamt (2021). *Suizide.* Zuletzt aufgerufen am 15.07.2021. Verfügbar unter:

https://www.destatis.de/DE/Themen/Gesellschaft-
Umwelt/Gesundheit/Todesursachen/Tabellen/suizide.html

Statista (2020). *DAK - Gesundheitsreport 2020.* Todesfälle nach
Geschlecht. Zuletzt aufgerufen am 2.07.2021. Verfügbar unter:
https://de.statista.com/statistik/daten/studie/254192/umfrage/entwicklung-
der-au-tage-aufgrund-psychischer-erkrankungen-nach-geschlecht/

Statista (2019). OWID – *Weltweiter Anteil Depressionen nach
Geschlecht.* Zuletzt aufgerufen am 2.07.2021. Verfügbar unter:
https://de.statista.com/statistik/daten/studie/1078802/umfrage/anteil-der-
weltbevoelkerung-mit-depression-nach-geschlecht/

Deutsches Ärzteblatt (2015). *Männer zeigen andere Symptome bei einer
Depression.* Zuletzt aufgerufen am 2.07.2021. Verfügbar unter:
https://www.aerzteblatt.de/nachrichten/62509/Maenner-zeigen-andere-
Symptome-bei-einer-Depression

*Jama Psychatry: The Experience of Symptoms of Depression in Men vs
Women* (2013). Zuletzt aufgerufen am 06.07.2021. verfügbar unter:
https://www.thieme.de/de/gesundheit/maenner-depressionen-52284.htm

Preuk, M. (2019). *Männer sind anders depressiv als Frauen – drei
überraschende Symptome.* Focus Interview mit Jens-Michael Wüstel.
Zuletzt aufgerufen am 16.7.2021. Verfügbar unter:
https://www.focus.de/gesundheit/ratgeber/maenner/maenner-gesundheit-
maenner-sind-anders-depressiv-3-ueberraschende-
symptome_id_9792125.html

WHO (2018). *Suizidraten ausgewählter Länder nach Geschlecht im Jahr
2016.* Zuletzt aufgerufen am 16. 07.2021. Verfügbar unter:

https://www.destatis.de/DE/Themen/Laender-Regionen/Internationales/Thema/bevoelkerung-arbeit-soziales/gesundheit/Suizid.html